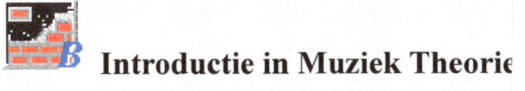 **Introductie in Muziek Theorie**

Muziek Theorie 1

Theorie voor de Absolute

Beginner in Gemakkelijke Stappen

met Praktische Opdrachten.

Art

Zegelaar

Introductie in Muziek Theorie

Ook beschikbaar:
Muziek Theorie 2
Muziek Theorie 3
Muziek Theorie 4
Muziek Theorie 5
Advanced Muziek Theorie
Compositie in Context
Improvisatie

Introductie in Muziek Theorie

1.1 Noten en notenbalken

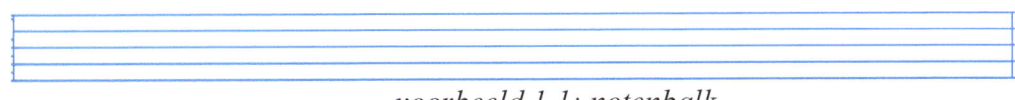

voorbeeld 1.1: notenbalk

Als we muziek willen opschrijven, hebben we een systeem nodig waarop we de hoogte van het geluid van een toon kunnen vastleggen. De muzikale term daarvoor is toonhoogte

Aangezien het geluid van een toon hoog of laag kan zijn maken we gebruik van een set met lijnen. In oude muziek werd een set van vier lijnen gebruikt, maar nu gebruiken we een set van vijf lijnen, die we notenbalk noemen.

Op deze set lijnen kunnen we noten schrijven op de lijnen zelf of er tussen in. Iedere noot is ovaal vormig en geeft een toon weer.

voorbeeld 1.2: notes

Als een noot hoger op de notenbalk wordt geplaatst is de toon hoger. Dit is weergegeven in voorbeeld 1.2, de noten klinken als *do-re-mi-fa-sol*.

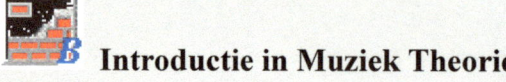
Introductie in Muziek Theorie

Opdracht 1

In deze eerste opdracht kun je oefenen met het schrijven van noten. Wees wel voorzichtig om wat veel voorkomende fouten te vermijden zoals hieronder is aangegeven. Noten zijn vaak te klein of juist te groot.

Als een noot is geschreven tussen de lijnen moet hij beide lijnen raken, als een nooit is geschreven op een lijn moet hij halverwege boven en beneden de lijn worden geschreven. Denk je dat het beter kan als hierboven is gedaan?

Teken op de notenbalk hieronder de noten als aangegeven.

6 punten

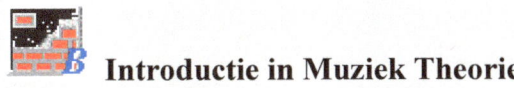 **Introductie in Muziek Theorie**

1.2 Noten, stammen en vlaggen

In mziek hebben geluiden niet alleen een *toonhoogte*. Je moet ook kunnen aangeven hoe lanng een toon moet duren. Een noot heeft een *tijdsduur*. Je kan zien hoe lang een toon duurt aan de manier waarop deze is geschreven. Door elementen, zoals stammen en vlaggen aan een noot toe te voegen kan je aangeven wat de lengte van een toon is.

Een noot bestaat uit een ovaal vormig hoofd, dat op of tussen lijnen op de notenbalk is geschreven. Aan de rechterkant kan een lijn omhoog worden toegevoegd als de noot op of beneden de derde lijn is geschreven. Deze lijn wordt *stam* genoemd en wordt aan de linkerkant naar beneden geschreven als de op of boven de derde lijn is geschreven. Aan de stam kan je een of meer vlaggen toevoegen, deze vlaggen staan altijd aan de rechter kant.

De positie van de noot op de notenbalk geeft aan hoe hoog of laag een toon klinkt. De overige elementen geven de lengte van de toon aan.

- Als de noot leeg is is het een hele noot
- Als de noot leeg is, maar er is een stam aan toegevoegd dan is het een halve noot
- Als de noot zwart is gemaakt en er is alleen een stam aan toegevoegd dan is het een kwart noot
- Als de noot zwart is gemaakt, een stam en een vlag heeft is het een achtste noot

Introductie in Muziek Theorie

Opdracht 2

Zorg er altijd voor dat de noot een beetje ovaal vormig is en de stam rechtop staat.

Schrijf op de notenbalk beneden de noten als boven weergegeven.

Wil je het nog eens proberen?

3 punten

Beantwoord de volgende vragen:

Streep de beweringen door die niet juist zijn.

8 punten.

Introductie in Muziek Theorie

1.3 Ritme

Een serie noten met verschillende tijdsduur of noot waarden in een zinvolle reeks geplaatst vormt een *ritme*. Een praktische manier om verschillende ritmes te begrijpen en te tellen is door verschillende lettergrepen te gebruiken voor verschillende noot waarden. We zullen hier drie verschillende lengtes bespreken.

De langste zullen we 'TA' noemen. We kunnen een 'TA' onderverdelen in twee 'Ti's die weer onderverdeeld kunnen worden in 'Tifi'.

We geven hier twee voorbeelden:

voorbeeld 1.4: ritme

Opdracht 3

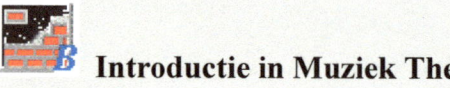 **Introductie in Muziek Theorie**

Klap de volgende ritmes en schrijf de lettergrepen 'Ta' 'Ti' 'fi' onder de noten:

7 punten

Introductie in Muziek Theorie

1.4 Sleutels

Als je een notenbalk gebruikt voor het schrijven van noten, is het noodzakeijk dat je voor een van de lijnen bepaalt welke toonhoogte de noot op die lijn is. Als je weet welke toonhoogte een van de lijnen is kan je namelijk gemakkelijk bepalen wat de toonhoogte van de overige lijnen is.

We gebruiken een *sleutel* om te bepalen wat de toonhoogte is van een noot op een bepaalde lijn. We kunnen verschillende sleutels gebruiken, maar de meest voorkomende is de Treble Sleutel of G-sleutel. Treble betekent 'hoog' en we gebruiken deze voor toonhoogtes die aan de hoge kant zijn.

voorbeeld 1.5: G-sleutel

Deze sleutel wordt G-sleutel genoemd, omdat de sleutel de toonhoogte G aangeeft voor de lijn, waarop deze is geschreven. Dat is tegenwoordig altijd de tweede lijn van beneden. De G is de G die juist boven de middel C ligt op de piano.

Voor lage toonhoogten gebruiken we de Bas-sleutel of F-Sleutel. Deze wordt ook op de tweede lijn geschreve, maar nu de tweede lijn van boven. De F-sleutel geeft aan dat de noot die op die lijn is geschreven de F is en wel de F juist beneden de middel C op de piano.

voorbeeld 1.5: bas sleutel

Herken je de letters G en F in de sleutels?

Opdracht 4

Schrijf op de notenbalken de sleutels als hierboven aangegeven (3x).

Sleutels zijn niet gemakkelijk te schrijven. Je kan het eerst proberen door met een potlood OVER de afgedrukte sleutels te schrijven. Je kan het beste beginnen door je potlood te plaatsen op de lijn die de sleutel wil benoemen.

Dan schrijf je de sleutel vanaf daar...

6 punten

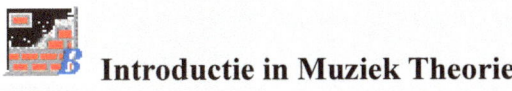 **Introductie in Muziek Theorie**

1.5 Noot Namen

Als we kijken naar het toetsenbord dan zien we een patroon van twee of drie zwarte toetsen dat zich herhaalt met lege ruimte tussen de witten toetsen ertussen. Iedere witte toets heeft een letter van het alfabet van A tot G. We kunnen de C dus vinden aan de linkerkant van een groep van twee zwarte toetsen.

Als we een notenbalk met een treble sleutel egebruiken kunnen we nu de G vinden aan de rechterkant van de middelste C. Op dezelfde manier kunnen de F vinden, die door de bas sleutel wordt aangegeven, aan de linkerkant van de middelste C. Als we de lijnen en de ruimte tussen de lijnen gebruiken kunnen we nu gemakkelijk iedere noot vinden en bepalen welke toets op het toetsenbord ermee wordt aangegeven.

voorbeeld 1.7: noot namen

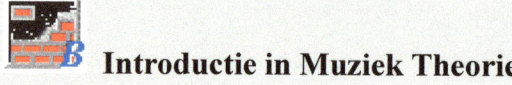

Opdracht 5

Onder de noten zijn letters geschreven. Maar die zijn niet allemaal juist. Schrijf een 'X' in de hokjes onder de noten die fout zijn en een 'V' onder de noten die goed zijn.

Doe hetzelfde met de onderstaande noten, die in de bas-sleutel zijn geschreven.

Kun je deze noten op het keyboard of piano spelen?

8 punten

Introductie in Muziek Theorie

1.6 Maten en maatstrepen

Groups of notes are ordered into *bars* separated by *bar-line*.

voorbeeld 1.8: maat

 Aan het begin van de eerste maat in een muziek stuk vertelt de *tijdsaanduiding* je hoe iedere maat moet worden geteld.

voorbeeld 1.9: tijdsaanduiding

 Het bovenste getal vertelt je hoeveel tellen er in iedere maat zijn, die door maatstrepen van elkaar gescheiden zijn. Het onderste getal vertelt je wat de noot waarde is van 1 tel. In dit geval zie je dat iedere tel een kwartnoot is en dat er drie kwartnoten of tellen zijn in ieder maat, omdat het onderste getal een 4 is en het bovenste een 3.

Als het onderste getal een 8 is heeft iedere achtste noot een tel, terwijl als het een 2 is heeft iedere halve noot een tel.

Introductie in Muziek Theorie

Opdracht 6

De schrijver van een muziek stuk heeft een beetje zitten slapen en heeft vergeten sommige onderdelen van de muziek af te maken. De komplete muziek op de notenbalken wordt een *partituur* genoemd.

Je ziet de partituur van deze schrijver hier beneden:

Kan jij toevoegen wat ontbreekt? De schrijver vergat in totaal vier dingen....

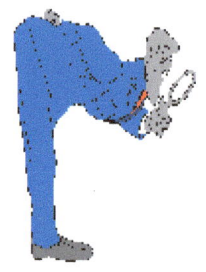

4 punten

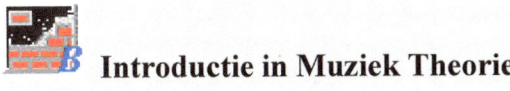 **Introductie in Muziek Theorie**

1.7 Meer noot waarden

De hele noot wordt geschreven als een open ovaal vormig noothoofd. Het is de langste noot die tegenwoordig wordt gebruikt.

Om een lengte aan te geven die half zolang duurt voeg je een stam toe aan het noothoofd.

Deze waarde kan je weer verdelen in twee en wel door het ovaal vormige noothoofd in te vullen en zwart te maken. Dan krijg je een kwart noot.

Als je een kwartoon in twee deelt krijg je twee achtste noten en je doet dat door er aan vlag aan toe te voegen. Daarna kun je gewoon doorgaan met het toevoegen van vlaggen om de noten in twee te delen.

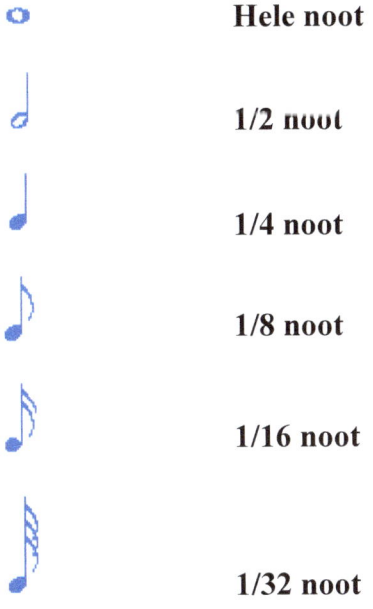

voorbeeld 1.10: noot waarden

Introductie in Muziek Theorie

Opdracht 7

Schrijf de ontbrekende noot om de maat kompleet te maken.

6 punten

Onze schrijver was in Blunderland! In ieder voorbeeld zit een fout. Kan jij hem ontdekken?

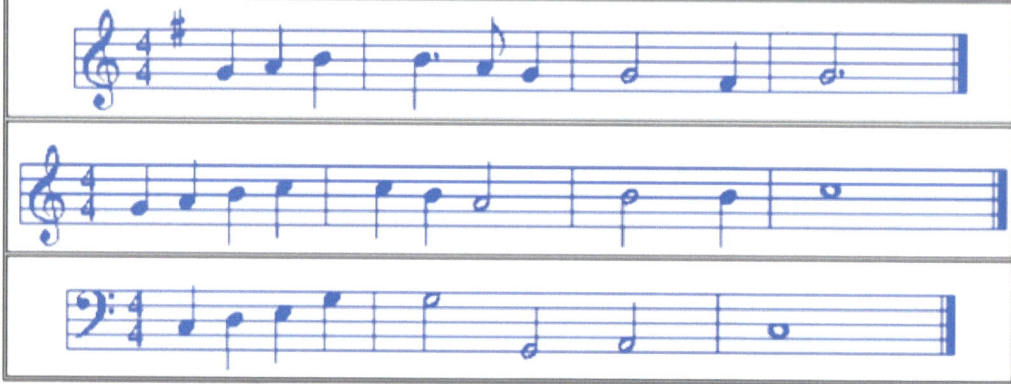

3 punten

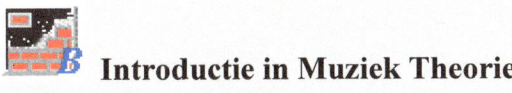

Introductie in Muziek Theorie

1.8 Verlengde Noten

Als je een stip plaatst achter een noot dan voeg je de helft van zijn waarde toe.

voorbeeld 1.11: verlengde noot

Het wordt gebruikt om bijvoorbeeld een kwartnoot en een achtste noot van dezelfde toonhoogte te laten klinken als 1 noot.

voorbeeld 1.12: verlengde kwartnoten

Het bovenstaande voorbeeld klinkt precies hetzelfde als het onderstaande voorbeeld:

voorbeeld 1.13: noten met een verbindings boog

Het teken om twee noten te combineren zoals in bovenstaand voorbeeld wordt een *verbindingsboog* genoemd. Gebruik maken van een stip is vaak veel gemakkelijker en overzichtelijker. Verbindingsbogen worden meestal gebruikt om twee noten te verbinden die deel uitmaken van verschillende maten of noot groepen.

Introductie in Muziek Theorie

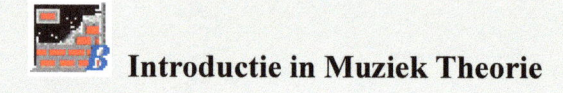

Opdracht 8

Voeg de ontbrekende maatstrepen toe.

4 punten

Schrijf het juiste aantal in het hokje.

4 punten

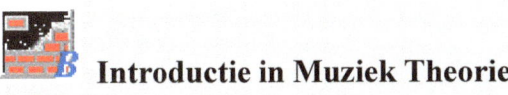 **Introductie in Muziek Theorie**

1.9 Rusten

Muziek bestaat niet alleen uit noten en tonen. Zoals wit van papier een zwarte lijn zinvol maakt, zijn periodes zonder tonen nodig om muziek zinvol te maken. Zo'n periode wordt een *rust* genoemd en iedere noot waarde heeft een overeenkomstige waarde voor een rust.

De hele noot rust hangt aan de vierde lijn. Deze kan altijd worden gebruikt om de rust voor een hele maat aan te geven, zelfs als de lengte ervan verschilt van de lengte van vier kwartnoten. De halve noot rust staat op de derde lijn.

Het volgende overzicht geeft waarden van noten en overeenkomstige rusten aan:

voorbeeld 1.16: rusten

Een stip achter een rust voegt er de helft van de waarde aan toe, net als bij noten.

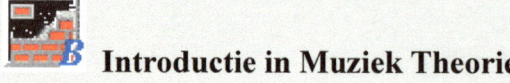

Opdracht 9

Schrijf op de notenbalk 10 rusten overeenkomstig met de nootwaarde die ervoor staat:

4 punten

Schrijf een rust op de gemarkeerde plaats om de maat kompleet te maken.

6 punten

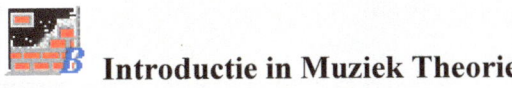 **Introductie in Muziek Theorie**

1.10 Halve tonen/Hele Tonen

In westerse muziek is toonhoogte georganiseerd in halve toonsafstanden. Op de piano is iedere toets relatief een halve toon hoger dan de toets aan de linkerkant ervan. Het maakt daarbij niet uit of dat nu een witte of zwarte toets betreft.

voorbeeld 1.17: halve tonen

Dus de zwarte toets (2) is een halve toon hoger dan de witte toets (1), maar de witte toets (3) is ook een halve toon hoger dan tocts (2) en de witte toets (4) eveneens vergeleken met de witte toets (3).

voorbeeld 1.18: hele tonen

Als we twee toetsen aanslaan met een toets ertussenin spelen we een hele toonsafstand. We kunnen dus 1 2 3 2 1 spelen op verschillende posities op het toetsenbord, maar het melodietje klinkt steeds hetzelfde.

Introductie in Muziek Theorie

1.11 Kruisen en Mollen

Kruisen en Mollen worden voor een noot geplaatst en veranderen de toonhoogte van de noot.

Een *mol* verlaagt de toonhoogte van een noot met een halve toon. Dus op het keyboard speel je de toets aan de linkerkant ervan. Bb verlaagt de B met een halve toon, dus op het keyboard speel je de zwarte toets links ervan. Als twee mollen worden gebruikt wordt de toonhoogte met 2x een halve toon = een hele toon verlaagd.

Een *kruis* verhoogt de toonhoogte van een noot met een halve toon. Dus op het keyboard speel je de toets aan de rechterkant ervan. F# verhoogt de F met een halve toon, dus op het keyboard speel je de zwarte toets aan de rechterkant. Als een dubbel kruis is gebruikt wordt de toonhoogte met 2x een halve toon = een hele toon verhoogd.

Een *herstellingsteken* maakt de toonhoogte van een noot die door en kruis of mol was veranderd weer normaal. Een herstellingsteken kan bijvoorbeeld gebruikt worden voor een 'B', die kort daarvoor met een mol was verlaagd om aan te geven dat de normale B weer moet worden gepseeld in plaats van de Bb die daarvoor was gebruikt.

Kruisen, mollen en herstellingstekens die achter de sleutel zijn geplaatst zijn geldig voor heel het muziekstuk. Maar als ze incidenteel in de muziek worden gebruikt zijn ze slechts maar voor 1 maat geldig. Een herstellingsteken wordt wel gebruikt 'als herinnering' als de veranderde noot in een andere maat daarvoor voorkwam.

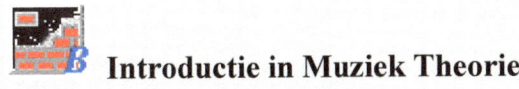 **Introductie in Muziek Theorie**

Opdracht 10

Markeer het hokje als de toonsafstand in die maat een halve toon is.

3 punten

Herschrijf de volgende melodie op de notenbalk eronder.

Start eerst op een 'D', dan op een 'E' en dan op een 'F'.

De melodie moet precies hetzelfde klinken.

6 punten

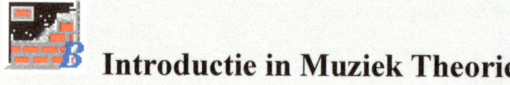

Introductie in Muziek Theorie

1.12 Intervallen

Als je twee noten speelt, de ene hoger dan de andere, wordt de afstand in toonshoogte tussen hen een *Interval* genoemd.

Het interval is *melodisch* als de noten na elkaar worden gespeeld.
Het interval is *harmonisch* als de noten samen worden gespeeld.

Een interval wordt genoemd niet naar het aantal halve tonen dat hen scheidt, maar door de positie van de twee noten op de notenbalk.

1. priem
2. secunde
3. terts
4. kwart
5. kwint
6. sext
7. septiem
8. octaaf

voorbeeld 1.22 intervallen

Om de afstand tussen twee noten op de notenbalk te vinden tel je de laagste noot als eerste en vervolgens het aantal plaatsen (lijnen en ruimtes) tot je bij de hogere noot uitkomt. Het getal geeft de afstand van het interval aan.

Bijvoorbeeld: van C tot E is CDE is 123 is a *terts*.

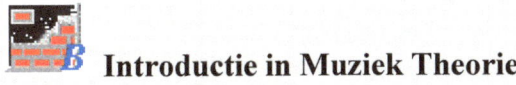 **Introductie in Muziek Theorie**

Opdracht 11

Schrijf naast iedere noot de noot die aangegeven wordt door het interval.
Doe hetzelfde op de notenbalk eronder.

kwint   **terts**   **kwart**   **sext**   **8ve**

kwint   **secunde**   **8ve**   **sext**   **kwart**

5 punten

Introductie in Muziek Theorie

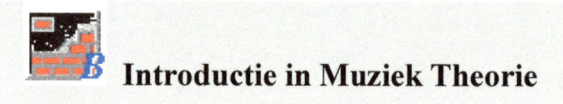

8 punten

1.13 Toonladders

Als we twee hele tonen en een halve toon nemen: C-D-E-F en we herhalen hetzelfde vanaf de G G: G-A-B-C hebben we een toonladder bestaande uit 7 tonen uit de 12 die beschikbaar zijn gemaakt. Het is de meest gebruikte toonladder, die we gebruiken om *do re mi fa sol la ti do*   op te zingen, die we een *majeur toonladder* noemen.

voorbeeld *1.23 majeur toonladder*

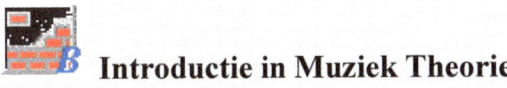 **Introductie in Muziek Theorie**

Op het toetsenbord kan deze toonladder gespeeld worden met de rechter hand door met de duiim (1) te beginnen op C en vervolgens opwaarts te spelen, met de duim onder de derde vinger naar de F en vervolgens na de vierde vinger weer op de C. Je verplaatst je duim dus in de volgorde na 3-4-3.

voorbeeld 1.23 toonladder op de piano

Met de linkerhand begin je met je pink (5). Als je op de G bent aangekomen breng je de derde vinger over de duim naar de A. Als je dan met de duim weer bij C komt breng je de vierde vinger over naar de D. Ook hier dus is de volgorde voor het overbrengen van de vingers 3-4-3.

1.14 Toonsoorten

De majeur toonladder van C wordt op de notenbalk geschreven zonder kruisen of mollen. Als je hetzelfde wilt doen en beginnen op bijvoorbeeld G kan je horen dat de laatste noot niet klopt. Immers dat moet een halve toon zijn en is nu een hele toon. Om die reden moeten we de F verhogen tot F# (fis).

Introductie in Muziek Theorie

Een muziekstuk dat in G-majeur is geschreven heeft dus 1 kruis, die onmiddelijk na de sleutel wordt geschreven. Men zegt dan dat de toonsoort van G-majeur 1 kruisheeft. Een toonsoort geeft aan wat de basis toonladder is waarin een muziekstuk is geschreven. Hier volgt een overzicht met de majeur toonsoorten tot en met 3 #'s (kruisen) of b's (mollen).

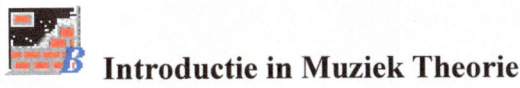 **Introductie in Muziek Theorie**

Opdracht 12

Boven zien we de majeur toonladder van C geschreven in de Treble sleutel en de Bas sleutel. Schrijf dezelfde toonladder in beide sleutels beginnend op G, D, A, F, Bb en Eb

6 punten

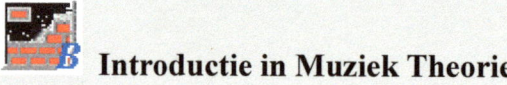

Opdracht 13

**In welke toonsoort zijn de volgende voorbeelden geschreven?
Geef de juiste toonsoort letter aan:**

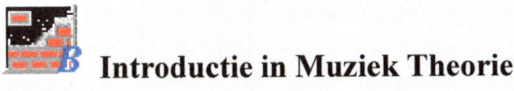

Introductie in Muziek Theorie

6 punten

1.15 Accoorden

Een *accoord* is een groep noten die tegelijkertijd worden gespeeld. Zo'n groep noten kan vele mogelijke samenstellingen hebben. De basis vorm is een *drieklank*. Een drieklank wordt gemaakt door een terts aan een noot toe te voegen en daarboven weer een terts.

voorbeeld 1.26 Accoord

Als we accoorden maken zoals deze drieklank op de noten van de toonladder van C krijgen we de volgende accoorden.

voorbeeld 1.27 Accoorden op de noten van de toonladder van C

Merk op dat deze accorden twee vormen aannemen. De onderste terts bestaat of uit twee hele tonen en de bovenst uit een hele en een halve toon of andersom.

Als de onderste terts twee hele tonen heeft is het accoord een majeur accord. Als de onderste terts een toon en een halve toon heeft en de bovenste terst twee hele tonen is het een *mine* accoord.

Introductie in Muziek Theorie

Opdracht 14

Schrijf majeur drieklanken op de volgende noten: C, D, E, F, G, A, B.

Doe hetzelfde met mineur drieklanken op de volgende noten: C, D, E, F, G, A, B.

7 punten

Introductie in Muziek Theorie

1.16 Mineur Toonladder

Als we een toon, een halve toon en weer een hele toon: A-B-C-D en we herhalen dat vanaf D: D-E-F-G hebben wij een toonladder van 7 tonen gemaakt uit de 12 die beschikbaar zijn. Deze verschilt van de majeur toonladder door de positie van de halve tonen.

Deze toonladder wordt mineur toonladder genoemd en klinkt droeviger en donkerder dan de majeur toonladder. De toonladder wordt echter zelden in deze vorm gebruikt. Vaak wordt de zevende noot met een halve toon verhoogd om een halve toon aan het einde te krijgen (net als de majeur toonladder). Dit wordt altijd met een kruis of een herstellingsteken gedaan in de muziekmaten en nooit bij de sleutel. Als we alleen de zevende toon verhogen dan krijgen we een *harmonisch mineur* toonladder. De grote afstand van een en een halve toon tussen de 6de en 7de noot is een karakteristiek van de harmonisch mineur toonladder.

Om die grote afstand wat af te zwakken wordt vaak ook de 6de noot een halve toon verhoogd. De toonladder die je dan krijgt wordt *melodisch mineur* genoemd. Deze toonladder wordt naar beneden toe echter zonder verhogingen gespeeld.

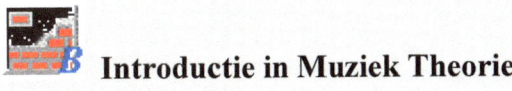 Introductie in Muziek Theorie

Opdracht 15

Beantwoord de volgende vragen:

4 punten

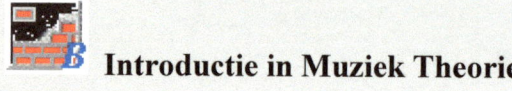 **Introductie in Muziek Theorie**

Opdracht 16: basis kennis testen

Markeer de beweringen die goed zijn en kruis die fout zijn: **10 punten**

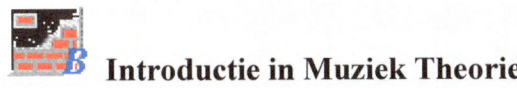 Introductie in Muziek Theorie

Muzikale Termen

Beginners moeten vertrouwd worden met de volgende muzikale termen :

Crescendo (cresc.)	**Langzaam luider**
Diminuendo (dim.)	**Langzaam zachter**
Largo/Grave	**Heel langzaam**
Adagio	**Langzaam**
Andante	**Gemakkelijk gaande**
Moderato	**Bescheiden snelheid**
Allegro	**Opgewekte snelheid**
Vivace	**Levendig, snel**
Presto	**Heel snel**
Ritenuto (rit.)	**Ga gradueel langzamer**
Rallentando (rall.)	**Ga gradueel langzamer**
a Tempo	**Terug naar oorspronkelijke snelheid**
Cantabile	**In een zang stijl**
Con Moto	**Met voortgang**
Dolce	**Zacht, gevoelig**
Espressivo	**Met gevoel**
Grazioso	**Met gratie**
Legato	**Speel noten verbonden**
Maestoso	**Plechtig, majestueus**
Sostenuto	**Gedragen**
Staccato	**Speel noten kort en van elkaar gescheiden**

 **Introductie in Muziek Theorie**

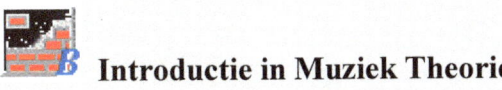 **Introductie in Muziek Theorie**

Score Blad

Opdracht 1	6	____
Opdracht 2	11	____
Opdracht 3	7	____
Opdracht 4	6	____
Opdracht 5	8	____
Opdracht 6	4	____
Opdracht 7	9	____
Opdracht 8	8	____
Opdracht 9	10	____
Opdracht 10	9	____
Opdracht 11	13	____
Opdracht 12	6	____
Opdracht 13	6	____
Opdracht 14	7	____
Opdracht 15	4	____
Opdracht 16	1	____
TOTAAL	124	_____

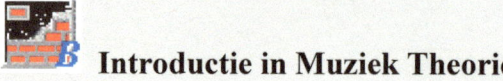
Introductie in Muziek Theorie

Antwoorden (BL is beoordeling door leraar)

Opdracht 1
Beoordeling door leraar (BL)
Opdracht 2
BL, 4,4,4,1 VXXV
Opdracht 3
TiTiTi TiTiTi TiTiTi Ta
TaTi TiTiTi TaTi Taa
TaTifi TiTifiTifi TaTi Taa
TiTi TiTi TiTi Ta
TiTifi TifiTifi TifiTi Ta
Opdracht 4 BL
Opdracht 5
VXVVXVVV VXVXVVXV
Opdracht 6
Tijdsaanduiding Bas, Stam eerste maat Bas
Maatstreep na twee maat, Stam derde maat Treble
Opdracht 7
Kwart, Achtste, Half
Kwart Half
Kwart Kwart Kwart
Half, Kwart, Half
Opdracht 8
BL 3 3 6 5
Opdracht 9
BL Kwart, Achtste, Half
Kwart Half
Kwart Kwart Kwart
Half, Kwart, Half
Opdracht 10
secunde,terts,kwint, sext BL
Opdracht 11 BL
Eerste kolom: VVVXVXVX
Tweede kolom: XVVVVVVV
Opdracht 12 BL
Opdracht 13
G C F C Eb D
Opdracht 14 BL
Opdracht 15
Nee, Ja, Allegretto, Speel nog een keer
Opdracht 16
XVVXXVXVVX
VXVVXXXVVV

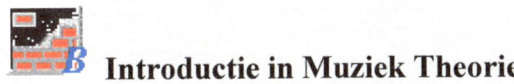 **Introductie in Muziek Theorie**

Uiteindelijk moet Muziek Theorie resulteren in liefde voor muziek.

Het boek dat je in handen hebt is geschreven door iemand die van muziek houdt. Het zal zeker zijn weg vinden naar het huis van menig leraar of student.

Dit is een nuttig theorie boek en de tekst bevat alles wat nodig is om elementaire muziek theorie te begrijpen die equivalent is aan ABRSM of TCL Grade 1 level.

Art Zegelaar is een Nederlandse pianist, componist en leraar .

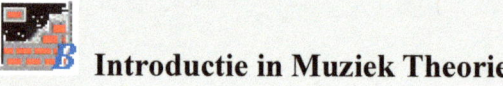 **Introductie in Muziek Theorie**

Document Outline

1.1 Noten en notenbalk
1.2 Noten, stammen en vlaggen
1.3 Ritme
1.4 Sleutels
1.5 Noot Namen
1.6 Maten en Maatstrepen
1.7 Meer Nootwaarden
1.8 Verlengde Noten
1.9 Rusten
1.10 Halve Tonen/Hele Tonen
1.11 Kruisen en Mollen
1.12 Intervallen
1.13 Majeur Toonladder
1.14 sleutels
1.15 Accoorden
1.16 Mineur Toonladder
Belangrijke woorden voor deze graad